COLLECTION DE FEU M. X***

TABLEAUX MODERNES

ET QUELQUES ANCIENS

Aquarelles, Dessins, Pastels

Mᵉ PAUL CHEVALLIER, commissaire-priseur

MM. FÉRAL Père & Fils, experts

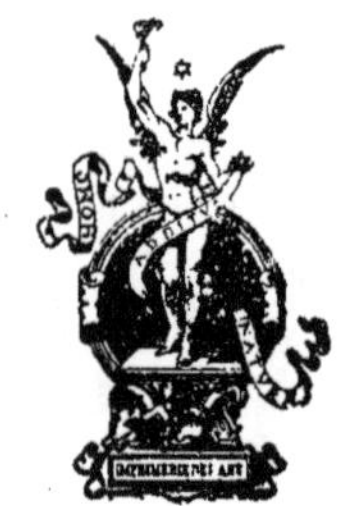

CATALOGUE

DE

TABLEAUX MODERNES

ET QUELQUES ANCIENS

Aquarelles, Dessins, Pastels

PAR

Beauverie, Boilly, Chaigneau, Charlet, Ciceri, Dagnan, Defaux
Dupray, Forain, V. Gilbert, Guillemet, Harpignies
Heinsius, Jeannin, Lansyer, Lavieille
Lazerges, Le Poittevin, De Noter, Raffaëlli, Steinlen
Verboeckhoven, Vibert, Willette, etc., etc.

Composant la Collection de feu M. X***

DONT LA VENTE AURA LIEU

HOTEL DROUOT, SALLE N° 11

Le Lundi 19 Décembre 1898

à deux heures

COMMISSAIRE-PRISEUR	EXPERTS
Mᵉ P. CHEVALLIER	**MM. FÉRAL père et fils**
10, rue Grange-Batelière, 10	54, Faubourg-Montmartre, 54

EXPOSITION PUBLIQUE

Le Dimanche 18 Décembre 1898, de 1 h. 1/2 à 5 h. 1/2

CONDITIONS DE LA VENTE

Elle sera faite au comptant.

Les adjudicataires paieront *cinq pour cent* en sus des enchères.

Paris. — Imprimerie de l'Art, E. Moreau et Cie, 41, rue de la Victoire.

DÉSIGNATION

TABLEAUX MODERNES

ET QUELQUES ANCIENS

ALARCON

1 — *Les Muletiers.*

Signé et daté 1890.

BALLUE (Pierre)

2 — *Paysage; effet de printemps.*

Signé à droite.

BEAUVERIE (Ch.)

3 — *La Route.*

Signé à gauche.

BELLET (Pierre)

4 — *Vue d'Orient.*

Signé à gauche.

BELLET (Pierre)

5 — *Jeune Femme disposant des fleurs dans un vase de cuivre.*

Signé à droite.

BELLET (Pierre)

6 — *L'Odalisque.*

Signé à gauche.

BELLET (Pierre)

7 — *Jeune Femme étendue sur des étoffes d'Orient.*

Signé à droite.

BELLET (Pierre)

8 — *Femme debout contre un paravent.*

Signé à droite.

BIGNON (J.)

9 — *Vue de Berne.*

BRAUWER (D'après)

10 — *Le Cabaret.*

BRILLOUIN (GEORGES)

11 — *Troupeau de vaches en forêt.*
Signé à gauche.

CALVÈS (G.)

12 — *Chez le Maréchal-Ferrant.*
Signé à droite.

CALVÈS (G.)

13 — *La Bucheronne.*
Signé à droite.

CAUWER (ÉMILE DE)

14 — *Intérieur d'Église.*
Signé et daté 1856.

CHAPERON (Eugène)

15 — *La Voiture de la cantinière.*

Signé à gauche.

CHAPERON (Eugène)

16 — *En Congé.*

Signé et daté 1889.

A figuré au Salon de 1889.

CHAPERON (Eugène)

17 — *Officier en bateau.*

Signé et daté 1882.

CHAPERON (Eugène)

18 — *Café « Cher ami », à Senlis.*

CHIFFLART (F.)

19 — *Femme et Enfant.*

Signé à gauche.

CODINA-LANGLIN

20 — *Guitariste espagnol.*

Signé à droite.

CORNILLIET

21 — *Femme faisant de la tapisserie.*

Signé et daté 1880.

DAGNAN

22 — *Le Pont de bois.*

Signé à droite.

DAGNAN

23 — *Paysage avec chasseur.*

Signé à droite.

DAGNAN

24 — *Cavalier sous bois.*

Signé à droite.

DAGNAN

25 — *Paysage d'Italie.*

Signé et daté 1835.

DANSAERT (L.)

26 — *Garde Française.*

Signé à gauche.

DEFAUX (A.)

27 — *La Basse-Cour.*

Signé à droite.

DEFAUX (A.)

28 — *La Mare aux canards.*

DEFAUX (A.)

29 — *Cour de ferme.*

Signé à droite.

DEFAUX (A.)

30 — *Canards sous un pommier en fleurs.*

Signé à droite.

DELAUNAY (J.)

31 — *Général en reconnaissance.*

Signé à gauche.

DELAUNAY

32 — *Femme coiffée d'un foulard rouge.*

Signé et daté 1887.

DELAUNAY

33 — *Trompette d'artillerie.*

Signé à droite.

DELAUNAY (J.)

34 — *Le Repos du modèle.*

Signé à gauche.

DEMARNE (D'après)

35 — *La Route.*

DIAQUÉ (R. C.)

36 — *Sur la Plage.*

Signé à droite.

DUPRAY (N.)

37 — *Officiers de lanciers.*

Signé à gauche.

DUPRAY (N.)

38 — *L'État-Major.*

Signé à gauche.

ENGLER

39 — *Groupe de chiens.*

Signé à gauche.

GILBERT (Victor)

40 — *Le Boucher.*

Signé à gauche.

GŒNEUTTE (Norbert)

41 — *Femme assise.*

Signé à droite.

GOUPIL

(deux pendants)

42 — *Têtes de Femmes.*

Signés.

GUILLEMET

43 — *Bords de la mer*.

Signé à gauche.

GUILLEMET

44 — *Paysage avec moulins à vent*.

Signé à gauche.

GUILLEMIN (A.)

45 — *Intérieur de paysans*.

Signé à gauche.

GUILLEMIN (A.)

46 — *Les Fiancés*.

Signé à droite.

GUILLEMIN (A.)

47 — *La Jeune Mère*.

Signé à droite.

HEILL

48 — *Projet de décoration.*

Signé à droite.

HEILL

49 — *L'Apéritif.*

Signé à droite.

HEILL

50 — *Femme assise coiffée d'un foulard rose.*

Signé à droite.

HEILL

51 — *Jeune Femme à la promenade.*

Signé et daté 84.

HEILL

52 — *Jeune Femme dans un intérieur.*

Signé à droite.

HEILL

53 — *Femme au repos.*

Signé et daté 1882.

HEILL

54 — *Les Soupeuses.*

Signé à droite.

HEILL

55 — *La Femme en rose.*

Signé et daté 1885.

HEILL

56 — *Le Café-Concert.*

Signé à droite.

JEANNIN (G.)

57 — *Bouquet de roses.*

Signé à gauche.

JEAURAT (Attribué à)

58 — *Portrait de Femme.*

JORDAENS (D'après).

59 — *L'ivresse de Silène.*

KRATKÉ

60 — *Merveilleuse assise dans un jardin.*

Signé à gauche.

KRATKÉ

61 — *L'Incroyable.*

Signé à droite.

LANSYER (E.)

62 — *Une Ferme normande.*

Signé et daté 76.

LANSYER (E.)

63 — *Vue de Douarnenez.*

Signé et daté 73.

LAVIEILLE (EUG.)

64 — *Paysage avec village au second plan.*

Signé à gauche.

LAVIEILLE (EUG.)

65 — *L'Église de Bretoncelles.*

Signé à gauche.

LAZERGES (Paul)

66 — *Vue d'Alger.*

Étude.

Signé et daté 1880.

LAZERGES (Paul)

67 — *Vue de Saint-Adresse.*

Signé à droite.

LEBRUN (D'après Mme)

68 — *Portrait de Mme Vigée-Lebrun.*

LE POITTEVIN (Eug.)

69 — *Barques échouées sur une rive escarpée.*

LE PRINCE (A. Xavier)

70 — *Le Colporteur.*

Signé et daté 1824.

LEROY (J.)

71 — *Chatte et ses petits.*

Signé à droite.

LION

72 — *Intérieur flamand.*

Signé à gauche.

MALBRANCHE

73 — *Paysage avec rivière gelée et pont sur la droite.*

Signé et daté 1827.

MALBRANCHE

74 — *Paysage ; effet d'hiver.*

MASSON (Benedict)

75 — *Le Nid.*

Signé à gauche.

MOREAU (Jean)

76 — *Le Chemineau.*

Signé à droite.

NOTER (David de)

77 — *Le petit Favori.*

Signé à gauche.

PETERS (Bonaventure)

78 — *Marine ; effet d'orage.*

PEREZ (Alonzo)

79 — *Un Jour de Fête.*
Signé à droite.

PEREZ (Alonzo)

80 — *Espagnole au balcon.*

PEREZ (Alonzo)

81 — *Après le repas.*
Signé à droite.

RAFFAËLLI (J. F.)

82 — *La Promenade.*
Signé à droite.

SAINTIN

83 — *Paysage d'Italie.*
Signé et daté 1864.

SCHACHINGER (G.)

84 — *Jeune Fille, en buste.*

Signé et daté 1880.

SERRES (Antony)

85 — *La Visite à la Châtelaine.*

Signé à droite.

VERBOECKHOVEN (Eug.)

86 — *Intérieur de bergerie.*

Signé et daté 1859.

VERBOECKHOVEN (Eugène)

87 — *Lion au repos.*

Signé et daté 1862.

VERNET (D'après Horace)

88 — *L'Estafette.*

VIBERT

89 — *Étude de moine.*

VOORDECKER (H.)

90 — *Vue de Hollande ; effet d'hiver.*
Signé et daté 1837.

ÉCOLE FLAMANDE

91 — *Portrait d'Homme.*

ÉCOLE FLAMANDE

92 — *L'Adoration des Mages.*

ÉCOLE FRANÇAISE

93 — *Portrait de Napoléon Ier.*

ÉCOLE MODERNE

94 — *Trois Études,* dans un cadre.

ÉCOLE MODERNE

95 — *La Guinguette.*

AQUARELLES

DESSINS, PASTELS

ACHILLE FOULD

96 — *La Marchande de fleurs.*

    Dessin au crayon noir.

    Signé à droite.

BOILLY (L.)

97 — *Jeune Garçon, en buste.*

    Dessin au crayon noir, rehaussé de blanc.

BOURGOIN (D.)

98 — *Le Jardin.*

    Aquarelle.

    Signée à gauche.

BOURGOIN (D.)

99 — *Fillette sous un arbre.*

    Aquarelle.

    Signée à droite.

CALVÈS

100 — *Au Bois.*

    Aquarelle.

    Signée à droite.

CHAIGNEAU (F.)

101 — *Vue près de Barbizon.*

Aquarelle.

Signée à gauche.

CHARLET

102 — *Le Maître d'école.*

Dessin à la sépia.

CHARLET

103 — *Portrait de Napoléon Ier.*

Dessin à la plume.

Signé à droite et dédié à *Ducis*.

CHIFFLART (F.)

104 — *Les Bords de la Seine.*

Aquarelle.

Signée à droite.

CICÉRI

105 — *Le Violoniste.*

Aquarelle.

Signée à gauche.

DEJAZET

106 — *Une Rue de Paris.*

Aquarelle.
Signée à droite.

DESHAYES (Eug.)

107 — *Le Moulin à vent.*

Dessin au crayon noir, rehaussé de blanc.

DUCHATENET (E.)

108 — *Un Bal, au théâtre de la Gaîté, en 1842.*

Aquarelle.
Signée et datée à gauche.

DU PEYRON (Th.)

109 — *Le Bal.*

Feuille d'éventail.
Aquarelle.
Signée à droite.

EDELFELT

110 — *La Lecture.*

Dessin à la plume.
Signé à droite.

FORAIN

111 — *Musique à la terrasse d'un café.*

> Aquarelle.
> Signée à gauche.

FORAIN

112 — *Intérieur de loge à l'Opéra.*

> Aquarelle.

GOSSE (V.)

113 — *Composition allégorique.*

> Dessin à la mine de plomb.
> Signé et daté 1831.

HARPIGNIES (H.)

114 — *Quai du Louvre.*

> Aquarelle.
> Signée et datée 1882.

HEILL

(DEUX PENDANTS)

115 — *Femmes, en buste.*

> Pastels.
> Signés.

HEINSIUS

116 — *Portrait de Pauline.*

Dessin à la mine de plomb.
Signé et daté 1764.

HEINSIUS

117 — *Portrait d'Henriette.*

Dessin à la mine de plomb.
Signé des initiales.

HEINSIUS

118 — *Portrait de Belie.*

Dessin à la mine de plomb.
Signé à droite.

HERVIER

119 — *Rue d'une ville normande.*

Aquarelle
Signée à droite.

ISABEY (Genre de)

120 — *Portrait de Femme.*
Aquarelle.
On lit au bas : *Mme David : 32.*

ISABEY (D'après)

121 — *Plage, à marée basse*.

    Aquarelle.

LAJOUE (Attribué à)

(DEUX PENDANTS)

122 — *Compositions architecturales*.

    Aquarelles.

LEDOUX (AUG^TE)

123 — *Un Bal, à l'Opéra, en 1838*.

    Aquarelle.
    Signée à droite et datée.

LEGRAND

124 — *Après le bal*.

    Pastel.
    Signé à droite.

LE POITTEVIN

125 — *Le Cabaret du camp*.

    Aquarelle.
    Signée à gauche.

LE ROY DE LIANCOURT

126 — *Paysage d'hiver.*

Aquarelle gouachée.
Signée à gauche.

LIX (F.)

127 — *La Marchande de fleurs.*

Dessin au crayon noir.
Signé à droite.

MARIE (Adrien)

128 — *Le Drapeau.*
Aquarelle.
Signée à gauche.

MILLET (Jean-Baptiste)

129 — *La Moisson.*

Aquarelle.
Signée à gauche.

MORLOT (A.)

130 — *Intérieur de cour.*

Aquarelle.
Signée à gauche.

MORLOT (A).

131 — *Paysage ; effet de soleil couchant.*

Aquarelle.
Signée à droite.

MORLOT (A.)

132 — *Le Verger.*

Aquarelle.
Signée à gauche

MORLOT (A.)

133 — *Rue de village.*

Aquarelle.
Signée à gauche.

NEGELEN

134 — *L'Espiègle.*

Pastel.
Signé à gauche.

NEGELEN

135 — *Portrait de la Malibran.*

Dessin au crayon noir et à l'estompe.
Signé à gauche.

NEGELEN

136 — *Portrait de Jeune Femme.*

    Pastel.
    Signé à droite.

NEGELEN

137 — *Jeune Femme, en toilette blanche.*

    Pastel.

NEGELEN

138 — *Portrait de Luisa Grisi.*

    Pastel.
    Signé à droite.

NEGELEN

139 — *Jeune Fille grecque.*

    Pastel.
    Signé à gauche.

NEGELEN

140 — *Femme, vue à mi-corps.*

    Dessin au crayon noir.
    Signé à droite et daté 1834.

OUTIN (P.)

141 — *Jeune Femme, à une fenêtre.*

Dessin au crayon noir.
Signé à droite.

REYNAUD (F.)

142 — *Femme italienne.*

Aquarelle.
Signée à droite.

SCHENAU

143 — *Plaisirs de l'enfance.*

Dessin à la sanguine.

SOMM (Henry)

144 — *Devant le Moulin-Rouge.*

Aquarelle.
Signée à droite.

SOMM (Henry)

145 — *La Femme au lapin.*

Aquarelle.
Signée à droite.

SOMM (Henry.)

146 — *La Promenade.*

> Aquarelle.
> Signée à gauche.

STEINLEN

147 — *Intérieur du Cabaret du Chat-Noir.*

> Aquarelle.
> Signée à gauche.

TROYON (C.)

148 — *Le Pâturage.*

> Dessin au crayon noir rehaussé de blanc.
> Portant le cachet de la vente.

TROYON (C.)

149 — *Étude de vaches.*

> Dessin au crayon noir rehaussé de blanc.
> Portant le cachet de la vente.

VERBOECKHOVEN (Eug.)

150 — *Lion couché.*

> Dessin à la plume.
> Signé et daté 1836.
> Portant le cachet de la *Succession Verboeck-hoven.*

VERBOECKHOVEN (Eug.)

151 — *Lion debout*.

> Dessin à la plume.
> Portant le cachet de la *Succession Verboeck-hoven*.

VERBOECKHOVEN (Eug.)

152 — *Paysage flamand, avec figures et animaux*.

> Dessin au crayon noir rehaussé de blanc.
> Signé et daté 1867.
> Portant le cachet de la *Succession Verboeck-hoven*.

VERBOECKHOVEN (Eug.)

153 — *Moutons au repos*.

> Dessin au crayon noir rehaussé de blanc.
> Signé à gauche et daté 1867.
> Portant le cachet de la *Succession Verboeck-hoven*.

WILLETTE (A.)

154 — *L'Enfant prodigue*.

> — Père, veux-tu que je t'embrasse?
> — Avec plaisir mon garçon ! ...
> — Alors donne moi dix louis.

> Dessin à la plume.
> Signé à droite.

ÉCOLE FRANÇAISE

155 — *Bonaparte.*

Aquarelle.

ÉCOLE MODERNE

156 — *Paysage.*

Aquarelle.

ÉCOLE MODERNE

157 — *Femme couchée.*

Pastel.

ÉCOLE MODERNE

158 — *Ruines et Personnages.*

Dessin à la sépia.

ÉCOLE MODERNE

159 — *Page d'Album.*

Dessins et aquarelles.

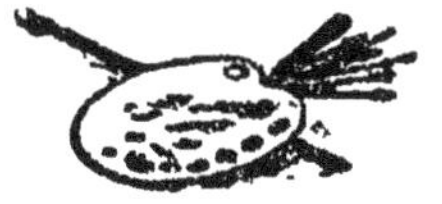